Clélia Pagani de Souza
Marinês Battisti

Descobrindo a vida

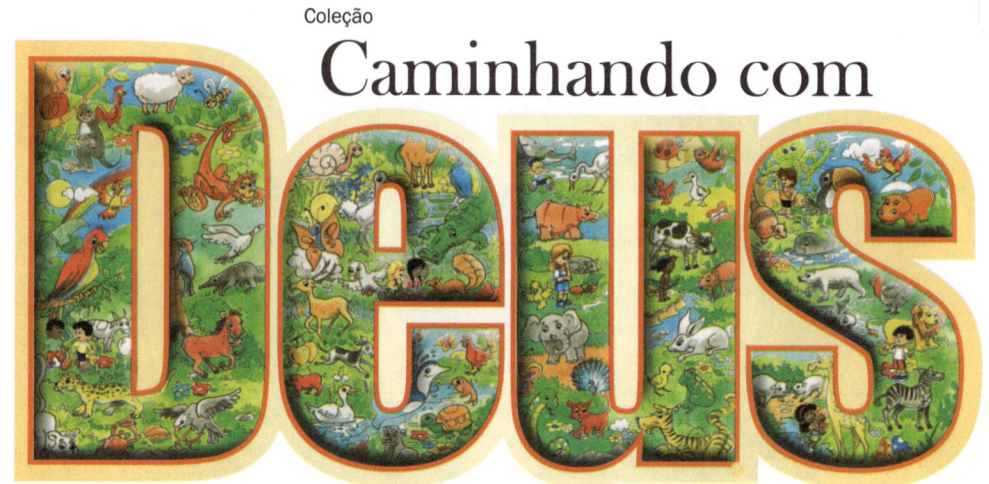

Coleção
Caminhando com Deus

Educação Infantil
Volume 1

Coleção CAMINHANDO COM DEUS
IMPRIMATUR
Concedido em 18/11/2011

Dom Anuar Battisti
Arcebispo de Maringá

É terminantemente proibido reproduzir este livro total ou parcialmente por qualquer meio químico, mecânico ou outro sistema, seja qual for a sua natureza. Todo o desenho gráfico foi criado exclusivamente para este livro, ficando proibida a reprodução do mesmo, ainda que seja mencionada sua procedência.

Dados para catalogação
Bibliotecária responsável: Luciane Magalhães Melo Novinski
CRB 1253/9 – Curitiba, PR.

Souza, Clélia Pagani de

Caminhando com Deus: descobrindo a vida, volume 1/ Clélia Pagani de Souza, Marinês Battisti; ilustrações: Cide Gomes – Curitiba : Base Editorial, 2011.
104p. : il. ; 23 cm. – (Coleção Caminhando com Deus; v.1)

ISBN: 978-85-7905-868-4

1. Ensino religioso – Estudo e ensino. 2. Educação Infantil. I. Battisti, Marinês. II. Título. III. Série.

CDD (20ª ed.) 268

© 2011 – Base Editorial Ltda.

Impresso na Bandeirantes Soluções Gráficas

Coordenação editorial Jorge Martins
Coordenação pedagógica Eloiza Jaguelte Silva
Projeto gráfico e capa Cide Gomes
Ilustrações Cide Gomes
Revisão Lucy Myrian Chá
Finalização Solange Freitas de Melo

BASE EDITORIAL
Base Editorial Ltda.
Rua Antônio Martin de Araújo, 343 – Jardim Botânico
CEP 80210-050 – Curitiba/PR
Tel.: 41 3264-4114 – Fax: 41 3264-8471
baseeditora@baseeditora.com.br – www.baseeditora.com.br

AMIGUINHOS!

VAMOS JUNTOS DESCOBRIR O DOM PRECIOSO DA VIDA QUE DEUS DEU PARA CADA UM DE NÓS!
VAMOS DESCOBRIR O QUANTO É MARAVILHOSO VIVER, CELEBRAR A VIDA COM NOSSOS AMIGOS, NOSSA FAMÍLIA E COM A NATUREZA.

COM CARINHO, ABRAÇAMOS VOCÊS

As Autoras

VOLUME 1 - DESCOBRINDO A VIDA

DESCUBRO A VIDA EM MIM.....................5
- Alguém pensou em mim! Eu existo........6
- Quem sou eu?.................................10
- Meu corpo, templo da vida.................14
- Aprendendo com minha família...........22
- Celebrando a vida em família..............26
- Conhecendo e respeitando minha............ casa..28

DESCUBRO A VIDA NO OUTRO...............32
- Convivendo com meus colegas............33
- Amor e respeito com as diferenças......36
- A amizade que faz crescer..................41
- Saber amar, perdoar, acolher e............... agradecer...45
- Amor e respeito com o espaço............... de todos...51
- Pessoas que trabalham pensando........... em mim..53

DESCUBRO A VIDA NA NATUREZA.........57
- A natureza agradece ao Criador............58
- Transformando o meio em que............... vivo..62
- Transformando as atitudes..................64
- A vida brota da natureza.....................66

MEMÓRIAS QUE ME FAZEM CRESCER....69
- Campanha da Fraternidade..................70
- Páscoa – Vida Nova............................72
- Dia das Mães....................................75
- Dia dos Pais......................................77
- Natal..79

ÁLBUM DE FIGURAS...........................81
REFERÊNCIAS...................................103

DESCUBRO A VIDA EM MIM

ALGUÉM PENSOU EM MIM! EU EXISTO

NÃO ESTOU NO MUNDO POR ACASO.
DEUS PENSOU EM MIM. ELE QUER QUE EU VIVA PARA FAZER O BEM!
O MUNDO COM MINHA PRESENÇA É MUITO MAIS BONITO!
REPRESENTE ATRAVÉS DE DESENHOS:

O MUNDO COM MINHA PRESENÇA	O MUNDO SEM MINHA PRESENÇA

SOU PESSOA COMO AS OUTRAS, MAS SOU BEM DIFERENTE.
ESPELHO, ESPELHO MEU!
EXISTE NO MUNDO ALGUÉM COMO EU?

CRACHÁ DE MESA

DESENHE VOCÊ NO ESPELHO

NOME:

FOTO

VOCÊ É ÚNICO!
NÃO EXISTE NINGUÉM IGUAL A VOCÊ.
VOCÊ É SEMPRE O MESMO EM QUALQUER ESPELHO!

"FOI **DEUS** QUEM ME CRIOU"

Atividade relacionada à página 7.
COM A AJUDA DO PROFESSOR
CONFECCIONE SEU CRACHÁ DE MESA.
OBSERVE OS CRACHÁS DAS OUTRAS
CRIANÇAS.

- EXISTE ALGUÉM IGUAL A VOCÊ?
- EXISTE ALGUÉM PARECIDO?
- EM QUE ALGUÉM SE PARECE COM VOCÊ?

(Atividade para ser desenvolvida em roda de conversa).

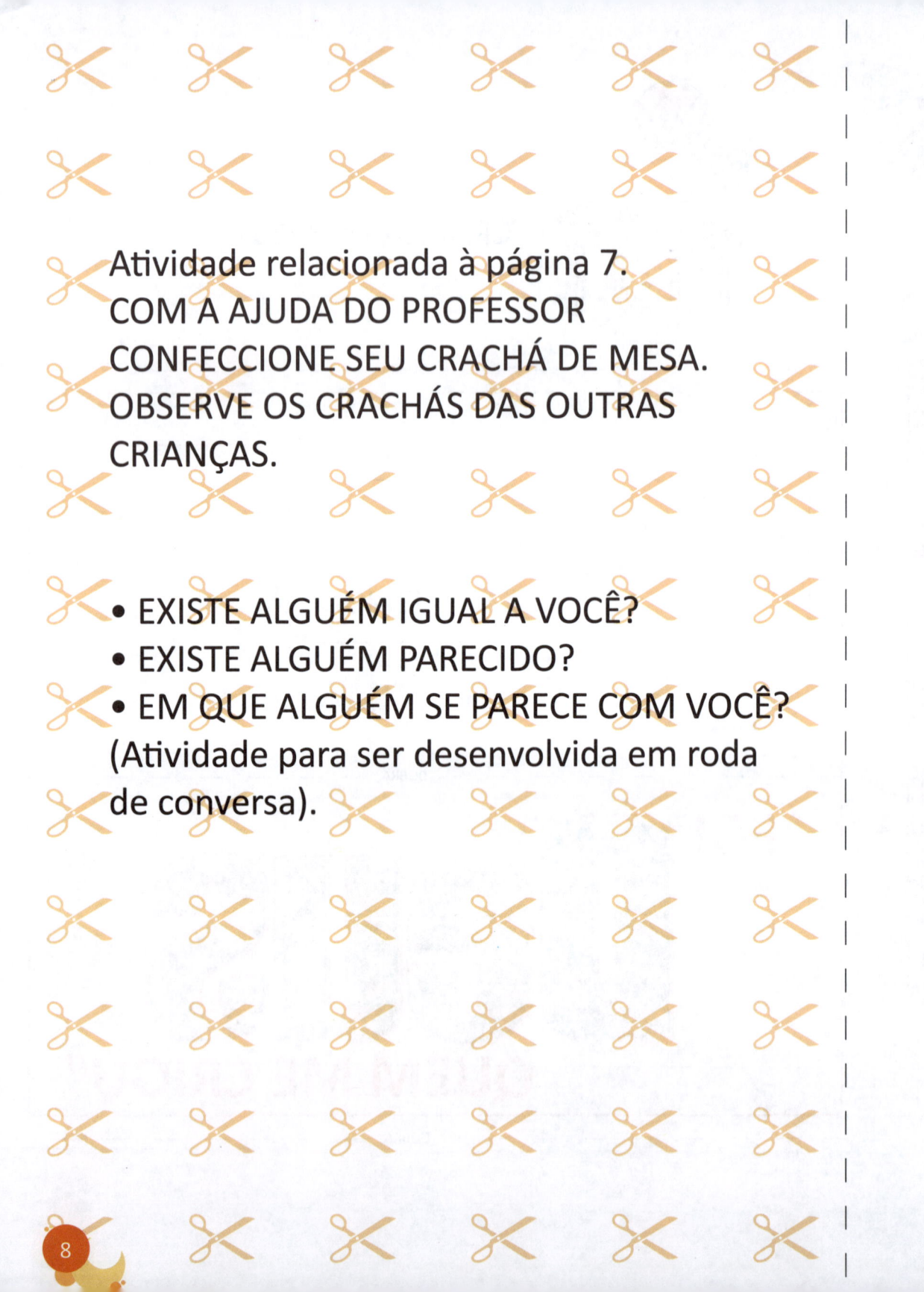

QUANDO VIM AO MUNDO, RECEBI UM NOME:

O PROFESSOR IRÁ COLAR OU ESCREVER SEU NOME NO ESPAÇO ACIMA E VOCÊ IRÁ PINTAR E ENFEITAR COMO ACHAR MAIS BONITO.

QUEM SOU EU?

SOU UMA PESSOA, CRIADA À IMAGEM E SEMELHANÇA DE DEUS.

SOU CAPAZ DE CRIAR COISAS LINDAS E DE FAZER MUITAS PESSOAS FELIZES.

OBRIGADO, MEU DEUS, PELO DOM MARAVILHOSO QUE É A VIDA!

QUEM SOU EU?

SER CRIANÇA É BOM
SER CRIANÇA FAZ BEM
SEJA UMA TAMBÉM
O SONHO NÃO ACABOU
BASTA OLHAR UMA E VER
QUE A VIDA RECOMEÇOU.

NADA É MAIS BONITO DO QUE
UMA CRIANÇA FELIZ.
FAZENDO ARTE, OU CANTANDO
OU LIMPANDO O NARIZ.
A INOCÊNCIA DA CRIANÇA É O
QUE SEMPRE SE QUIS.

SER CRIANÇA É BOM, FAZ BEM
SEJA UMA CRIANÇA TAMBÉM
O SONHO NÃO ACABOU
BASTA OLHAR UMA E VER
QUE A VIDA RECOMEÇOU
SER CRIANÇA É BOM.

(Coleção: Verso e Reverso. 1ª série.
Ed. Nacional – Música de Márcio R. A. de Souza)

1 DESENHE VOCÊ COMO A OBRA MAIS PERFEITA QUE DEUS CRIOU.

2 VAMOS FORMAR AS PALAVRAS, COBRINDO O PONTILHADO E PINTANDO.

SOU PESSOA!

3 PINTE AS PALAVRAS QUE REPRESENTAM O QUE A MENINA ESTÁ FALANDO.

FAÇO AS PESSOAS FELIZES QUANDO:

BRIGO

AGRADEÇO

RESPEITO

MEU CORPO, TEMPLO DA VIDA

DEUS ME DEU UM CORPO E EU DEVO USÁ-LO PARA FAZER O BEM. PROCURE A ILUSTRAÇÃO ADEQUADA NO ÁLBUM DE FIGURAS E COLE.

QUANDO NASCI EU ERA ASSIM:	AGORA JÁ SOU ASSIM:

JESUS USOU AS MÃOS PARA ABENÇOAR, CURAR E AJUDAR.
VEJA QUANTAS COISAS BOAS PODEMOS FAZER COM NOSSAS MÃOS:

VAMOS CONVERSAR.
- O QUE MAIS POSSO FAZER COM MINHAS MÃOS?

AS MÃOS CRIAM, DÃO FORMAS, CARINHO, SEGURANÇA, AJUDAM A APRENDER COISAS NOVAS.
COMO É BOM TER MÃOS AMIGAS.

VAMOS DAR UM COLORIDO À ELAS?

POSSO JUNTAR MINHAS MÃOZINHAS E REZAR:

OBRIGADO, PAPAI DO CÉU,
PELAS MINHAS MÃOS.
PELAS MÃOS QUE REZAM.
PELAS MÃOS QUE SEMEIAM A PAZ.
PELAS MÃOS QUE AGASALHAM AQUELES QUE ESTÃO COM FRIO.
PELAS MÃOS QUE DÃO ALIMENTO AOS QUE TÊM FOME.
OBRIGADO, SENHOR, PELAS MÃOS QUE FAZEM CARINHO.
PELAS MÃOS DOS QUE TRABALHAM PENSANDO EM MIM E NA MINHA FAMÍLIA.

JESUS USOU OS PÉS PARA IR AO ENCONTRO DAS PESSOAS.
NOSSOS PÉS DEVEM SER USADOS PARA FAZER O BEM.
QUANTAS COISAS BOAS PODEMOS FAZER COM NOSSOS PÉS:

VOU USAR MEUS PÉS PARA FAZER O BEM!

PEÇA PARA SEU PROFESSOR PASSAR TINTA NOS SEUS PEZINHOS A FIM DE MARCAR SEUS PASSOS NO CAMINHO DE JESUS.

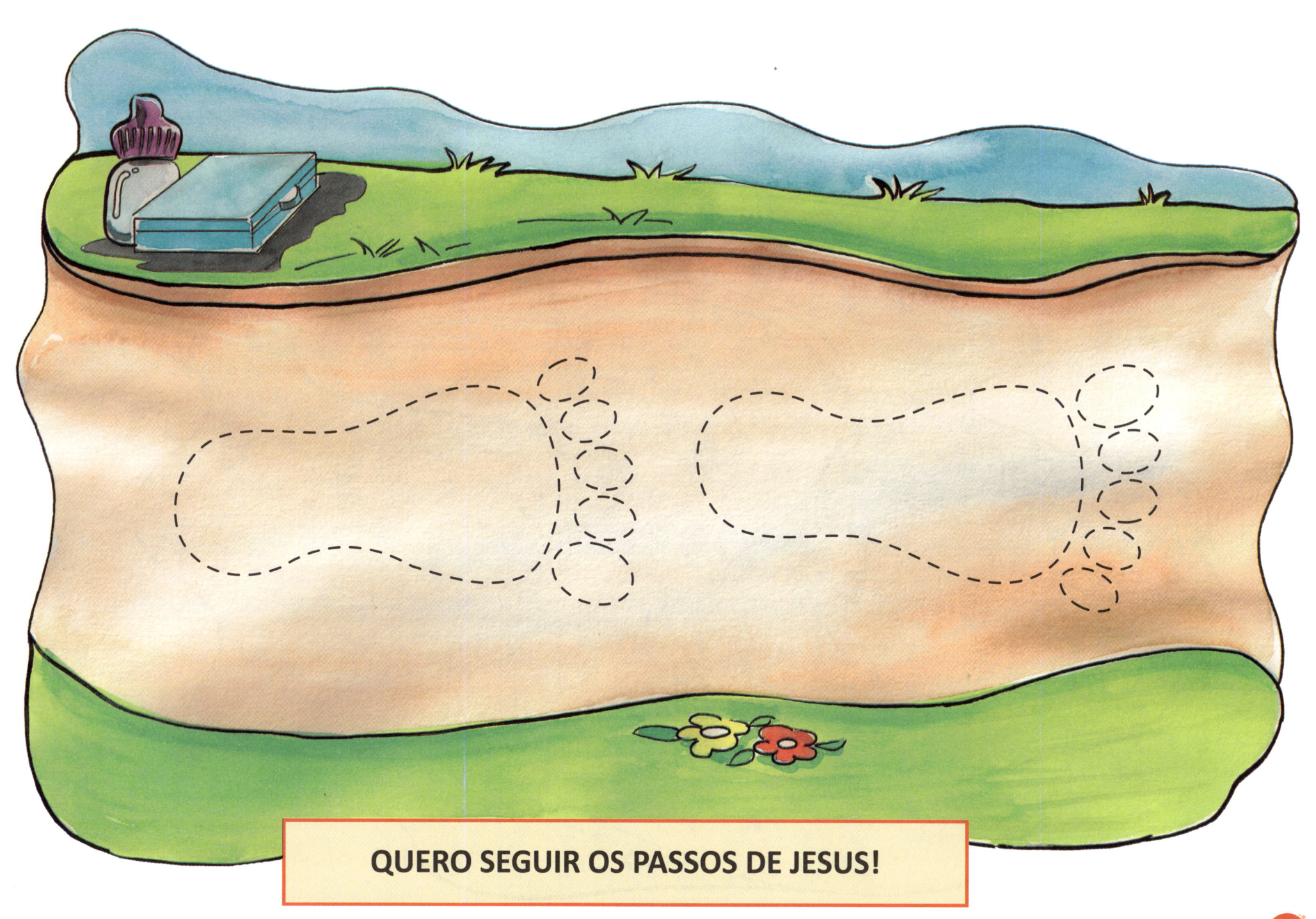

QUERO SEGUIR OS PASSOS DE JESUS!

VAMOS AJUDAR NOSSO AMIGUINHO A CHEGAR ATÉ JESUS COLANDO AS PEGADAS NOS LUGARES INDICADOS. PROCURE NO ÁLBUM DE FIGURAS.

VAMOS CANTAR E DANÇAR?

BATE PEZINHO

(Música: Marcha soldado)

BATE PEZINHO
VAI MARCHANDO SEM PARAR,
CAMINHANDO COM JESUS
MEU TRENZINHO VAI ANDAR.

MEUS PEZINHOS
VÃO PULANDO
CARREGANDO AMOR E PAZ
VOU CORRENDO,
VOU CORRENDO
SÓ AMOR EU VOU LEVAR.

APRENDENDO COM MINHA FAMÍLIA

DEUS PREPAROU PARA CADA UM DE NÓS UMA FAMÍLIA OU PESSOAS QUE NOS AJUDAM A CRESCER.
NA FAMÍLIA APRENDEMOS O AMOR, O RESPEITO, A PARTILHA.
COLE UMA FOTO DA SUA FAMÍLIA.

JESUS TAMBÉM TEVE UMA FAMÍLIA E COM ELA APRENDEU SÓ COISAS BOAS.

PROCURE, NO ÁLBUM DE FIGURAS, ILUSTRAÇÕES QUE REPRESENTAM SUA FAMÍLIA:

PAPAI - MAMÃE	IRMÃOS	IRMÃS
AVÓS	AVÓS	MAIS ALGUÉM?

PINTE AS FIGURAS QUE REPRESENTAM SINAIS DE BOA CONVIVÊNCIA NA FAMÍLIA.

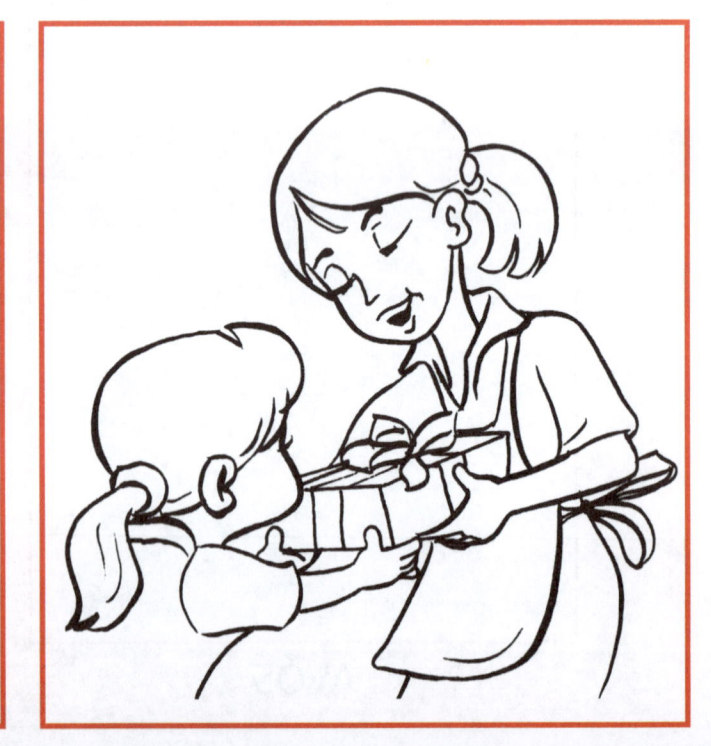

VAMOS CANTAR?

ABENÇOA, SENHOR,

AS FAMÍLIAS, AMÉM!

ABENÇOA, SENHOR,

A MINHA TAMBÉM!

(Pe. Zezinho)

CELEBRANDO A VIDA EM FAMÍLIA

A VIDA É UM PRESENTE DE DEUS! MUITAS VEZES A FAMÍLIA SE REÚNE PARA CELEBRÁ-LA.

COLE FIGURAS OU FOTOS QUE REPRESENTAM MOMENTOS EM QUE SUA FAMÍLIA SE REÚNE PARA CELEBRAR A VIDA.

ANIVERSÁRIO	BATISMO	AÇÃO DE GRAÇAS

JESUS TAMBÉM TEVE UMA FAMÍLIA.
VAMOS PINTAR?

NA FAMÍLIA SOU AMADO E APRENDO A AMAR.

CONHECENDO E RESPEITANDO MINHA CASA

É BOM DEMAIS TER UMA CASA PARA MORAR!
DESENHE O LUGAR DA SUA CASA EM QUE VOCÊ MAIS GOSTA DE FICAR, DEPOIS COMENTE COM SEUS COLEGAS.

COLOQUE TELHADOS NAS CASAS PARA PROTEGER AS FAMÍLIAS.
VOCÊ VAI ENCONTRAR NO ÁLBUM DE FIGURAS.
TODA FAMÍLIA PRECISA TER UM LUGAR PARA SE ABRIGAR:

DO FRIO   DA CHUVA   DO CALOR

A CASA TAMBÉM É LUGAR PARA:

DESCANSAR   REUNIR A FAMÍLIA   REZAR

VAMOS FAZER MEMÓRIA DO QUE APRENDEMOS NESTA UNIDADE.
PROCURE FIGURAS EM REVISTAS. RASGUE OU RECORTE E COLE PARA ILUSTRAR.

DEUS PENSOU EM MIM E ME DEU A VIDA.

REPRESENTE ATRAVÉS DE DESENHO:

COM MINHA FAMÍLIA CELEBRO A VIDA QUE DEUS ME DEU.

VAMOS CANTAR?
(Música: Capelinha de melão)

CRIANÇA É AMOR,
É TERNURA E PAZ.
CRIANÇA É ALEGRIA,
FELICIDADE TRAZ!

DESCUBRO A VIDA NO OUTRO

CONVIVENDO COM MEUS COLEGAS

QUANDO VOCÊ NASCEU, SEU PRIMEIRO CONVÍVIO FOI COM SUA FAMÍLIA. DEPOIS, COMEÇOU A CONHECER OUTRAS PESSOAS. MAIS TARDE COMEÇOU A FREQUENTAR A ESCOLA. A ESCOLA É UM LUGAR MUITO LEGAL! QUANTA COISA POSSO FAZER NA ESCOLA!
PROCURE NO ÁLBUM DE FIGURAS E COLE.

BRINCAR	ESTUDAR	REZAR
JOGAR BOLA	PULAR CORDA	OUVIR HISTÓRIAS

DESENHE O ESPAÇO DE SUA ESCOLA ONDE VOCÊ MAIS GOSTA DE FICAR:

O PROFESSOR VAI ORGANIZAR UMA RODA DE CONVERSA PARA QUE CADA UM POSSA MOSTRAR SEU DESENHO E EXPLICAR POR QUE ESCOLHEU ESTE ESPAÇO.

VOCÊ DEVE OUVIR O OUTRO COM RESPEITO E ATENÇÃO.

VAMOS CANTAR?

NA ESCOLA DE JESUS
Waldeci Farias/Tia Carminha

Olê, olé, olá, na escola de Jesus,
Eu vou me matricular (bis)
Fazer curso de verdade,
Aprender para ensinar.
Cultivar a santidade
E no céu me diplomar.

Nessa escola de alegria
Jesus Cristo é o professor
A diretora é Maria
E o ABC é o amor.

Aprendemos com certeza
A somar muita humildade,
Diminuir nossa tristeza
Multiplicar nossa bondade.

CD - Sementinha 3 - Faixa 11 - Paulinas
COMEP - São Paulo.

EU TENHO UMA ESCOLA PARA ESTUDAR E PARA CONVIVER COM MEUS COLEGAS. OBRIGADO, SENHOR!

AMOR E RESPEITO COM AS DIFERENÇAS

À MEDIDA QUE VOU CRESCENDO, PERCEBO QUE EXISTEM DIFERENÇAS ENTRE AS PESSOAS. ELAS PODEM SER DIFERENTES EM VÁRIAS CARACTERÍSTICAS:

- COR E RAÇA
- TAMANHO
- PESO
- GÊNERO
- GOSTO
- RELIGIÃO
- CLASSE SOCIAL

A DIVERSIDADE DEIXA O MUNDO MAIS ALEGRE!

COMO SERIA O MUNDO SE TODAS AS PESSOAS FOSSEM IGUAIS? VAMOS FAZER UMA EXPERIÊNCIA COM A MÁSCARA.

NO ÁLBUM DE FIGURAS TEMOS UMA MÁSCARA DE MENINA E UMA DE MENINO.

VAMOS DESTACAR E MONTAR COM A AJUDA DO PROFESSOR.

COLOCANDO A MÁSCARA, NA RODA DE CONVERSA, VAMOS OBSERVAR E RESPONDER:

| COMO FICARAM OS ROSTOS DOS MENINOS? | COMO FICARAM OS ROSTOS DAS MENINAS? |

AS MENINAS TIRAM AS MÁSCARAS, OBSERVAM OS MENINOS DE MÁSCARA E RESPONDEM:

| SERIA BOM SE SÓ EXISTISSE MENINO? | SERIA BOM SE TODOS OS MENINOS FOSSEM IGUAIS? |

PROCEDER DA MESMA FORMA COM OS MENINOS.

EU AMO A CRIAÇÃO DE DEUS E RESPEITO A DIVERSIDADE.

A DIVERSIDADE DEIXA O MUNDO MUITO MAIS BONITO. RESPEITANDO O DIFERENTE, RESPEITAMOS A OBRA DE DEUS. COLE FIGURAS DE PESSOAS COM CARACTERÍSTICAS DIFERENTES E VEJA COMO TUDO FICA MAIS BONITO.

O DIFERENTE TAMBÉM É LEGAL!

A BELEZA DO JARDIM ESTÁ NA DIVERSIDADE DAS FLORES.
DESTAQUE AS FLORES DO ÁLBUM DE FIGURAS E COLE NO SEU JARDIM.

OBRIGADO, JESUS, PELAS CORES QUE ENFEITAM O JARDIM DA VIDA.

DA MESMA FORMA QUE ACOLHEMOS AS PESSOAS, SOMOS TAMBÉM ACOLHIDOS POR ELAS. DEVEMOS ACOLHER AQUELES QUE PRECISAM DA NOSSA AJUDA, DO NOSSO CARINHO, INDEPENDENTEMENTE DA SIMPATIA QUE TEMOS POR ELES.

JESUS SEMPRE ACOLHIA A TODOS,
NÃO IMPORTANDO A COR, A RAÇA OU A POSIÇÃO SOCIAL.

**SENHOR, NAS MINHAS BRINCADEIRAS,
QUERO RESPEITAR A TODOS.**

A AMIZADE QUE FAZ CRESCER

NINGUÉM VIVE SOZINHO. TODOS NÓS PRECISAMOS DE BONS AMIGOS. COM ELES SOMOS CAPAZES DE TROCAR IDEIAS, CRIAR COISAS NOVAS E CONVIVER COM O OUTRO.

JESUS NOS DEIXOU O EXEMPLO, SENDO AMIGO DE TODOS E ENSINANDO O AMOR E O RESPEITO.

SENHOR, AJUDA-ME A RESPEITAR OS MEUS AMIGOS!

VAMOS UNIR OS PONTINHOS E FORMAR A PALAVRA AMIGO.

PODEMOS CRESCER COM NOSSAS AMIZADES. EM UM GRUPO DE AMIGOS SOMOS CAPAZES DE FAZER NOVAS DESCOBERTAS E AJUDAR NOSSOS AMIGOS A FAZER O MESMO.

O RESPEITO, O AMOR, A PARTILHA FAZEM A AMIZADE FICAR CADA VEZ MAIS FORTE. JESUS É O GRANDE EXEMPLO DE COMO CUIDAR DAS NOSSAS AMIZADES.

VAMOS PINTAR OS QUADROS QUE REPRESENTAM O QUE É SER AMIGO.

| PERDOAR | AMAR | RESPEITAR |
| AJUDAR | BRIGAR | CONSOLAR |

SABER AMAR, PERDOAR, ACOLHER E AGRADECER

DEUS NOS FEZ COM INTELIGÊNCIA, VONTADE E CAPACIDADE DE AMAR. POR ISSO DEVEMOS AMAR A TODOS SEM DISTINÇÃO DE COR, DE RAÇA, OU POSIÇÃO SOCIAL. JESUS DEIXOU O EXEMPLO DE AMOR MAIOR AO DOAR SUA VIDA POR TODOS NÓS.

SENHOR, TEU AMOR ME FAZ FORTE E CAPAZ DE AMAR A TODOS, CONFORME TEU EXEMPLO.

CADA UM DE NÓS RECEBEU DE DEUS INTELIGÊNCIA, VONTADE E UM CORAÇÃO PARA AMAR. VAMOS PINTAR AS FIGURAS QUE REPRESENTAM GESTOS DE AMOR.

OS AMIGOS DE JESUS SABEM AMAR.

QUANDO VIVO OS ENSINAMENTOS DA RELIGIÃO, MEU CORAÇÃO FICA CHEIO DE:

VAMOS COBRIR OS PONTILHADOS E DESCOBRIR A PALAVRA QUE ESTÁ ESCRITA, COM A AJUDA DO PROFESSOR.

PERDÃO

PROCURE, NO ÁLBUM DE FIGURAS, A PALAVRA QUE PREENCHE O CORAÇÃO:

VAMOS CANTAR?

MINHA LUZ É JESUS, E JESUS ME CONDUZ PELOS CAMINHOS DA PAZ!

(Pe. Zezinho)

AMOR E RESPEITO COM O ESPAÇO DE TODOS

CONVIVENDO COM OS OUTROS USAMOS ESPAÇOS QUE NÃO SÃO SÓ NOSSOS, MAS PERTENCEM A TODOS. POR ISSO PRECISAMOS CUIDAR MUITO DO QUE É DE TODOS.

DESTAQUE DO ÁLBUM DE FIGURAS AS REPRESENTAÇÕES DOS CUIDADOS NA NOSSA CASA.

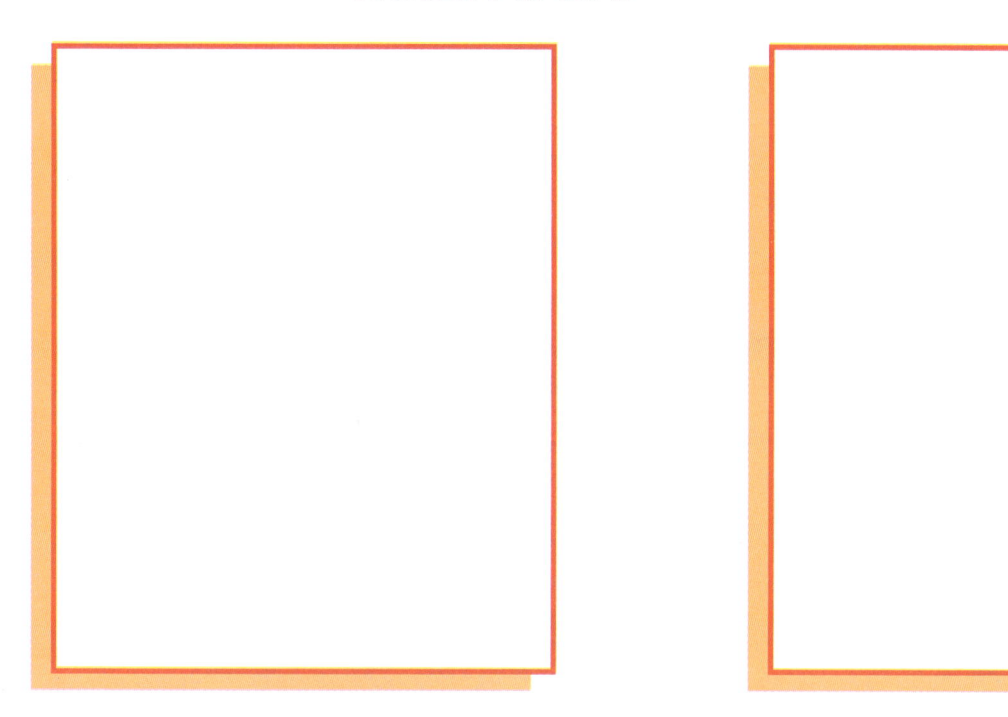

DEIXAR OS BRINQUEDOS GUARDADOS NO LUGAR.	DEIXAR O QUARTO ARRUMADO.	COMPORTAR-SE À MESA PARA FAZER AS REFEIÇÕES.

QUANDO CUIDO DA MINHA CASA ESTOU RESPEITANDO O ESPAÇO DA MINHA FAMÍLIA!

NA ESCOLA:

CUIDAR DO MATERIAL ESCOLAR.

NÃO JOGAR LIXO NO PÁTIO.

CUIDAR DA ÁREA VERDE DA ESCOLA.

- JUNTO COM O PROFESSOR, FAÇA UM PASSEIO PELA ESCOLA PARA OBSERVAR O QUE PRECISA SER MELHORADO NO ESPAÇO QUE É DE TODOS.
- FAÇA UMA RODA DE CONVERSA PARA PROPOR MELHORIAS.

QUANDO CUIDO DA MINHA ESCOLA, ESTOU RESPEITANDO O ESPAÇO DE TODOS!

PESSOAS QUE TRABALHAM PENSANDO EM MIM

VOCÊ É UMA CRIANÇA! MUITAS PESSOAS TRABALHAM PARA QUE SUA VIDA SEJA A MELHOR POSSÍVEL. NA SUA CASA, ALÉM DE SEUS PAIS, QUEM MAIS TRABALHA PENSANDO EM VOCÊ? DESENHE:

OBRIGADO, MEU DEUS, PELAS PESSOAS QUE ME AJUDAM A CRESCER!

NA ESCOLA: DESENHE PESSOAS QUE AJUDAM VOCÊ A CRESCER.

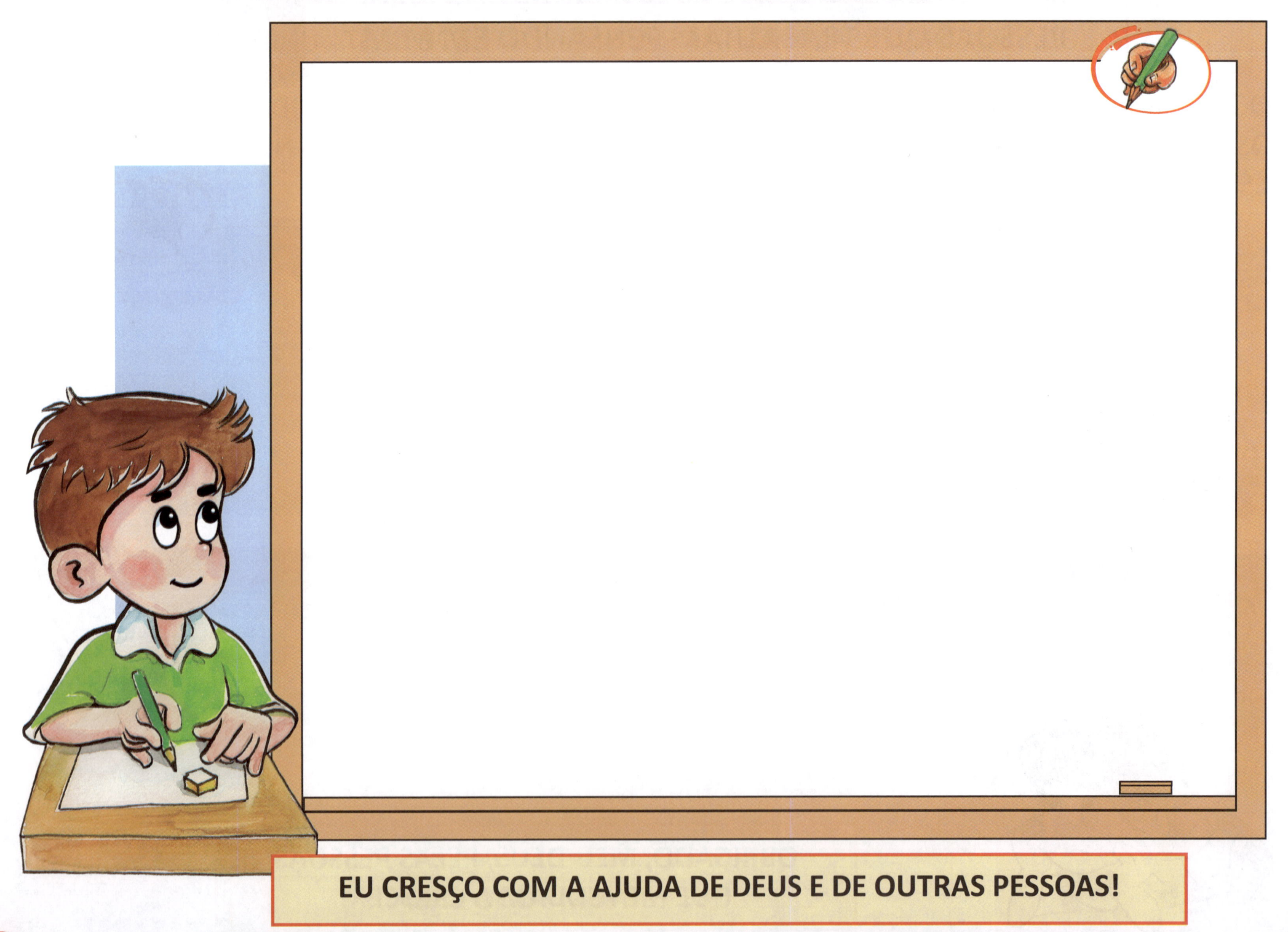

EU CRESÇO COM A AJUDA DE DEUS E DE OUTRAS PESSOAS!

FAZENDO MEMÓRIA DO QUE APRENDEMOS NESTA UNIDADE.

NA RODA DE CONVERSA, DISCUTA O QUE MAIS GOSTOU DESTA UNIDADE E REGISTRE POR MEIO DE UM DESENHO OU COLAGEM.

DESCOBRIR A VIDA NO OUTRO É DESCOBRIR QUE DEUS ESTÁ EM TODO LUGAR!

VAMOS CANTAR?

(Música: Pezinho)

AMANDO E RESPEITANDO

EU VOU BRINCANDO,
VOU BRINCANDO COM AMIGOS
EU VOU AMANDO, RESPEITANDO
E VOU CRESCENDO.
MUITA AMIZADE, MUITO AMOR,
MUITO CARINHO,
COMO JESUS, O MEU
COLEGA ACOLHENDO.
VOU ACEITAR O DIFERENTE,
VOU PERDOAR E AGRADECER.
VOU ACEITAR O DIFERENTE,
COM MEUS COLEGAS
VOU CRESCER!

DESCUBRO A VIDA NA NATUREZA

A NATUREZA AGRADECE AO CRIADOR

DEUS PREPAROU UM MUNDO LINDO PARA CADA UM DE NÓS. ELE QUER NOS VER FELIZES E, POR ISSO, PRECISAMOS COLABORAR, CUIDANDO DE TUDO O QUE NOS FOI DADO.

A EXISTÊNCIA DE UMA FLOR, DE UM ANIMALZINHO, É PROVA DO AMOR DE DEUS POR NÓS.

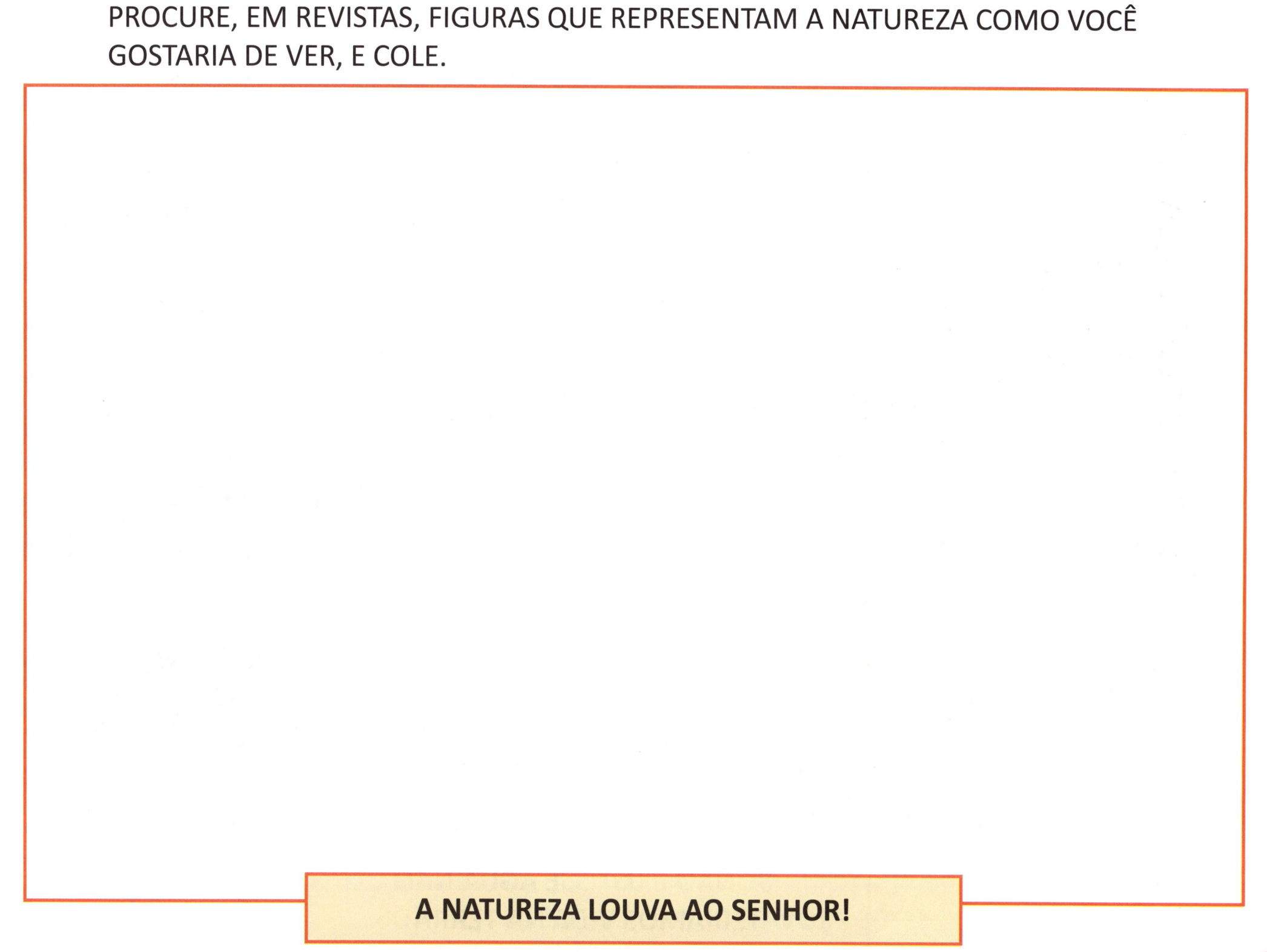

PROCURE, EM REVISTAS, FIGURAS QUE REPRESENTAM A NATUREZA COMO VOCÊ GOSTARIA DE VER, E COLE.

A NATUREZA LOUVA AO SENHOR!

VAMOS COLAR ANIMAIS NA CRIAÇÃO DE DEUS.
(VER ÁLBUM DE FIGURAS)

SE NÃO EXISTISSE ÁGUA NÃO TERÍAMOS VIDA NA TERRA.

NA OBRA DO CRIADOR TUDO FICOU PERFEITO E HARMONIOSO.
ANIMAIS, PEQUENOS E GRANDES, LOUVAM AO SENHOR! RÉPTEIS E ANIMAIS SELVAGENS LOUVAM E GLORIFICAM AO CRIADOR.

SENHOR, NÓS TE AGRADECEMOS POR ESTE UNIVERSO MARAVILHOSO QUE CRIASTE.

TRANSFORMANDO O MEIO EM QUE VIVO

DEVEMOS USAR NOSSA CAPACIDADE PARA FAZER O BEM E PARA CRIAR COISAS MARAVILHOSAS. É PARA ISSO QUE DEUS NOS FEZ À SUA IMAGEM E SEMELHANÇA.

SOMOS FELIZES QUANDO REALIZAMOS O BEM.

JESUS, QUERO SEGUIR O TEU EXEMPLO E SEMPRE FAZER O BEM.

PROCURE, NO ÁLBUM DE FIGURAS, E COLE, SITUAÇÕES QUE PRECISAM SER TRANSFORMADAS NA NATUREZA.

DEPOIS DO TRABALHO FEITO, PARTILHE COM SEUS COLEGAS O QUE VOCÊ ENTENDEU FAZENDO UMA RODA DE CONVERSA COM SEU PROFESSOR.

TRANSFORMANDO AS ATITUDES

SOMOS CAPAZES DE PERCEBER O CERTO E O ERRADO.

SOMOS CAPAZES DE AJUDAR NA TRANSFORMAÇÃO DO AMBIENTE ONDE VIVEMOS, MUDANDO NOSSAS ATITUDES.

NO ÁLBUM DE FIGURAS, PROCURE OS DESENHOS QUE REPRESENTAM A TRANSFORMAÇÃO DAS ATITUDES A SEGUIR:

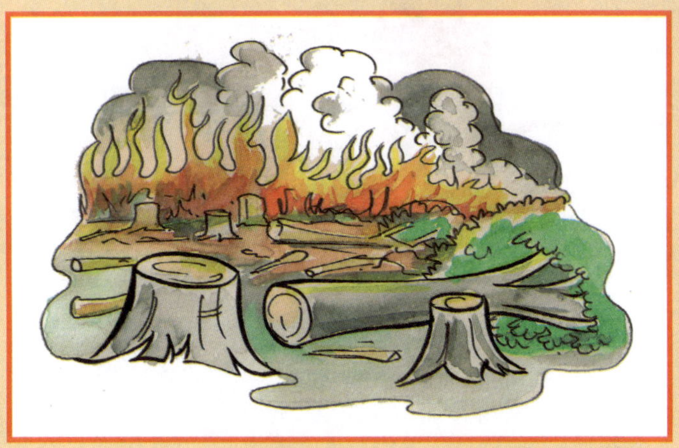

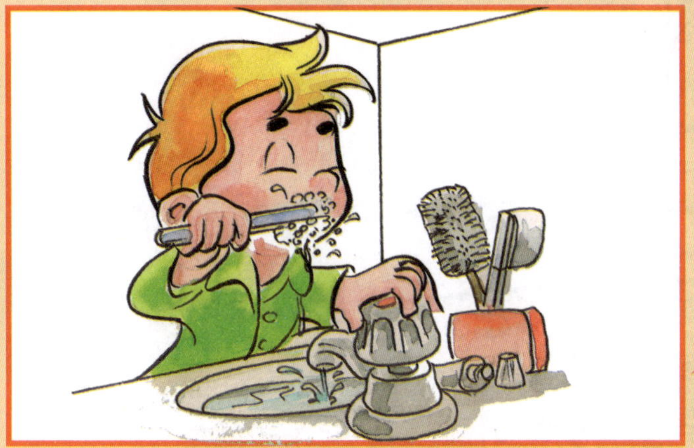

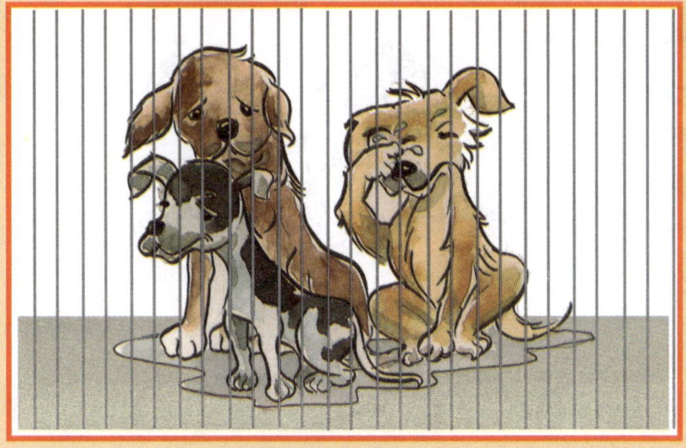

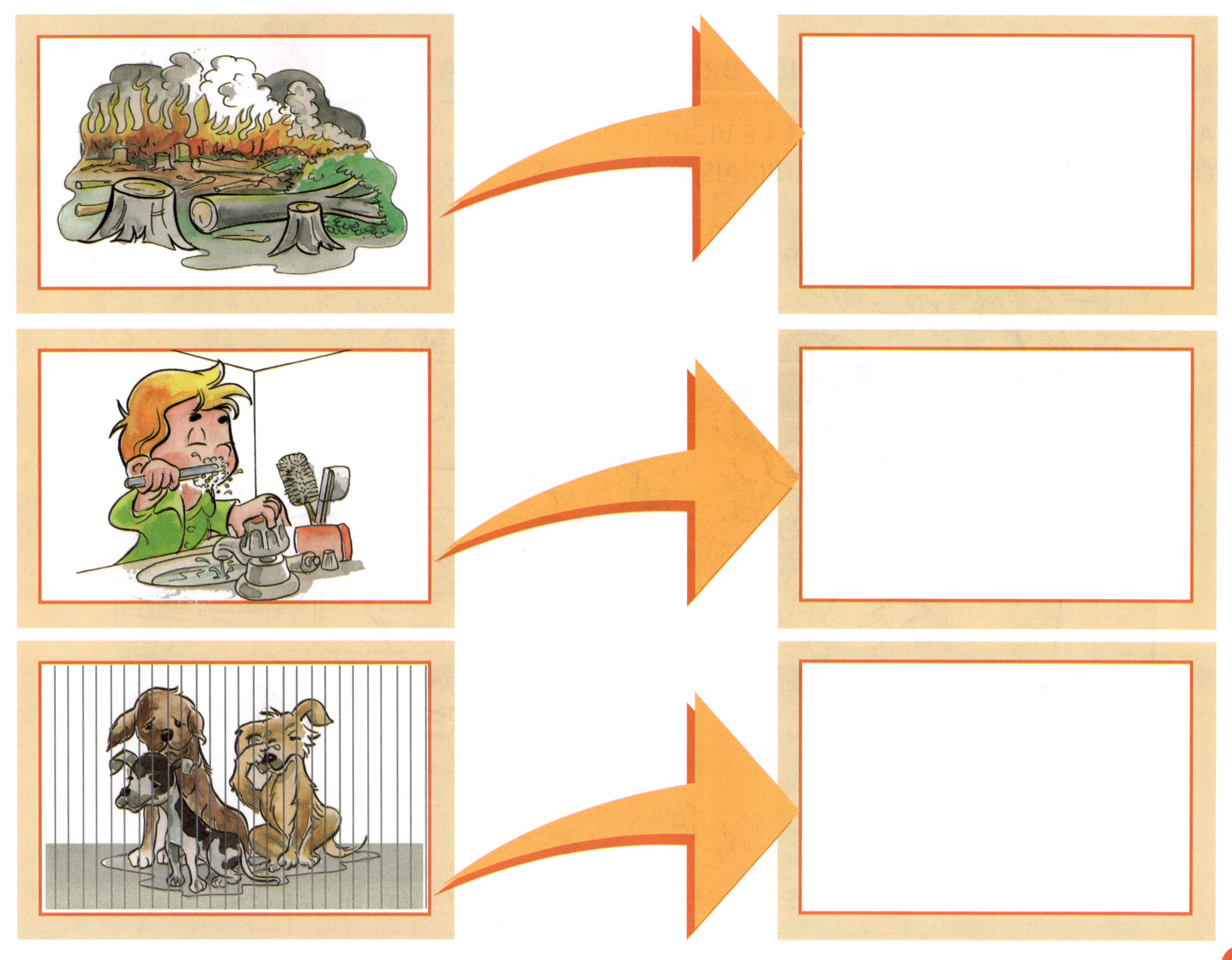

A VIDA BROTA DA NATUREZA

A NATUREZA NÃO É SÓ BONITA. ELA É VIDA! TODOS OS SERES VIVOS DEPENDEM UNS DOS OUTROS PARA VIVER. PESSOAS, ANIMAIS, PLANTAS... SÓ HÁ VIDA ONDE HÁ EQUILÍBRIO.

E DEUS VIU QUE TUDO ERA BOM! (Genesis)

DESTAQUE, DO ÁLBUM DE FIGURAS, E COLE NA ÁRVORE ABAIXO, AS PALAVRAS ESCRITAS COM OS ELEMENTOS DA NATUREZA QUE NOS DÃO VIDA.

FAZENDO MEMÓRIA DO QUE APRENDEMOS NESTA UNIDADE

FAÇA UM BONITO DESENHO SOBRE O QUE VOCÊ APRENDEU NESTA UNIDADE.

OBRIGADO, MEU DEUS, PELA VIDA NA NATUREZA!

MEMÓRIAS QUE ME FAZEM CRESCER

1ª MEMÓRIA

CAMPANHA DA FRATERNIDADE

CAMPANHA DA FRATERNIDADE É A UNIÃO DAS PESSOAS PARA, JUNTAS, SEREM MAIS SOLIDÁRIAS, VIVEREM A PARTILHA E O AMOR. É O MOMENTO DE OUVIR JESUS FALAR AO NOSSO CORAÇÃO.

SENHOR, AJUDA-ME A SER CADA VEZ MAIS SOLIDÁRIO E FRATERNO.

VAMOS RECORTAR E COLAR FIGURAS QUE SIMBOLIZAM O QUE É SER FRATERNO OU QUE REPRESENTAM O TEMA DA CAMPANHA DA FRATERNIDADE DESTE ANO.

NUMA RODA DE CONVERSA, PARTILHE A SUA PESQUISA.

2ª MEMÓRIA

PÁSCOA - VIDA NOVA

JESUS É A PRESENÇA DE LUZ NO MEIO DE NÓS. JESUS RESSUSCITOU, TRAZENDO UMA VIDA MAIS BONITA PARA TODOS. PÁSCOA É VIDA NOVA!

> SENHOR, OBRIGADO PELA TUA RESSURREIÇÃO QUE TROUXE VIDA NOVA PARA NÓS.

COM TINTA OU COLA COLORIDA VAMOS DEIXAR COM MAIS LUZ UM DOS SÍMBOLOS DA PÁSCOA: **O CÍRIO PASCAL**

COM A AJUDA DO PROFESSOR PROCURE, NO ÁLBUM DE FIGURAS, AS PALAVRAS QUE COMPLETAM A FRASE E COLE AO LADO DO COELHO:

PÁSCOA É TEMPO DE:

3ª MEMÓRIA

DIA DAS MÃES

DEVEMOS AGRADECER À MÃE QUE TEMOS OU À PESSOA QUE CUMPRE ESTA MISSÃO, E DEDICAR A ELA MUITO AMOR E CARINHO, POIS ELA SEMPRE FAZ TUDO PARA NOS AJUDAR. JESUS TAMBÉM TEVE UMA MÃE, QUE É MARIA, A QUAL NOS ENSINA MUITAS LIÇÕES DE AMOR.

DESENHE SUA MÃE OU QUEM CUIDA DE VOCÊ.

4ª MEMÓRIA

DIA DOS PAIS

O PAI ENSINA MUITAS LIÇÕES DE VIDA E NOS QUER VER CRESCENDO FELIZES.

PODE ACONTECER DE UMA CRIANÇA NÃO VIVER COM SEU PAI.

ÀS VEZES O AVÔ FAZ O PAPEL DE PAI, ÀS VEZES UM TIO, ÀS VEZES A MÃE É PAI E MÃE.

É BOM SABER QUE ALGUÉM NOS AMA E NOS QUER VER FELIZ.

ABENÇOA, SENHOR, TODOS OS PAIS!

DESENHE SEU PAI OU QUEM CUIDA DE VOCÊ.

5ª MEMÓRIA

NATAL

É NATAL!
NASCEU JESUS QUE VEIO TRAZER AO MUNDO ALEGRIA, AMOR E PAZ.
O NATAL É A GRANDE FESTA NA QUAL TODOS SE REÚNEM PARA CELEBRAR A VIDA.

SENHOR, QUE NESTE NATAL AS FAMÍLIAS POSSAM SE UNIR PARA VIVER MAIS O AMOR E A SOLIDARIEDADE.

VAMOS ENFEITAR A ÁRVORE DE NATAL COM GLITTER, LANTEJOULAS, PAPÉIS, ETC. A ÁRVORE ENFEITADA VAI SIMBOLIZAR A NOSSA ESPERA PELO ANIVERSÁRIO DE JESUS.

ÁLBUM DE FIGURAS

P-14

P-14

Atividade pág. 14

P-14

Atividade pág. 23

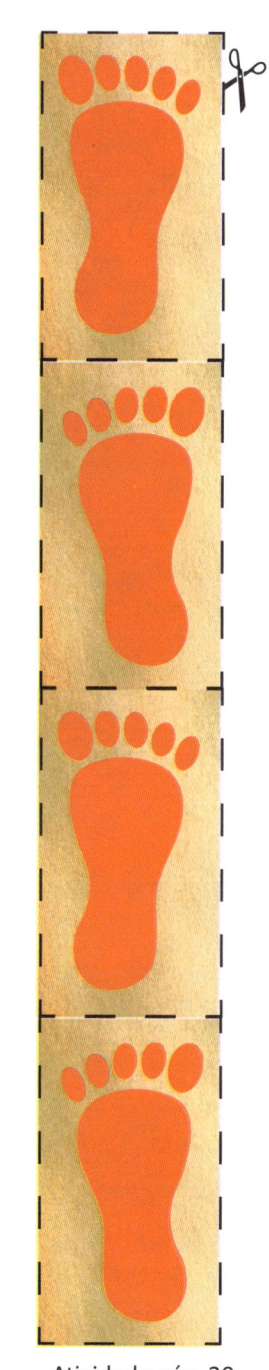

Atividade pág. 20

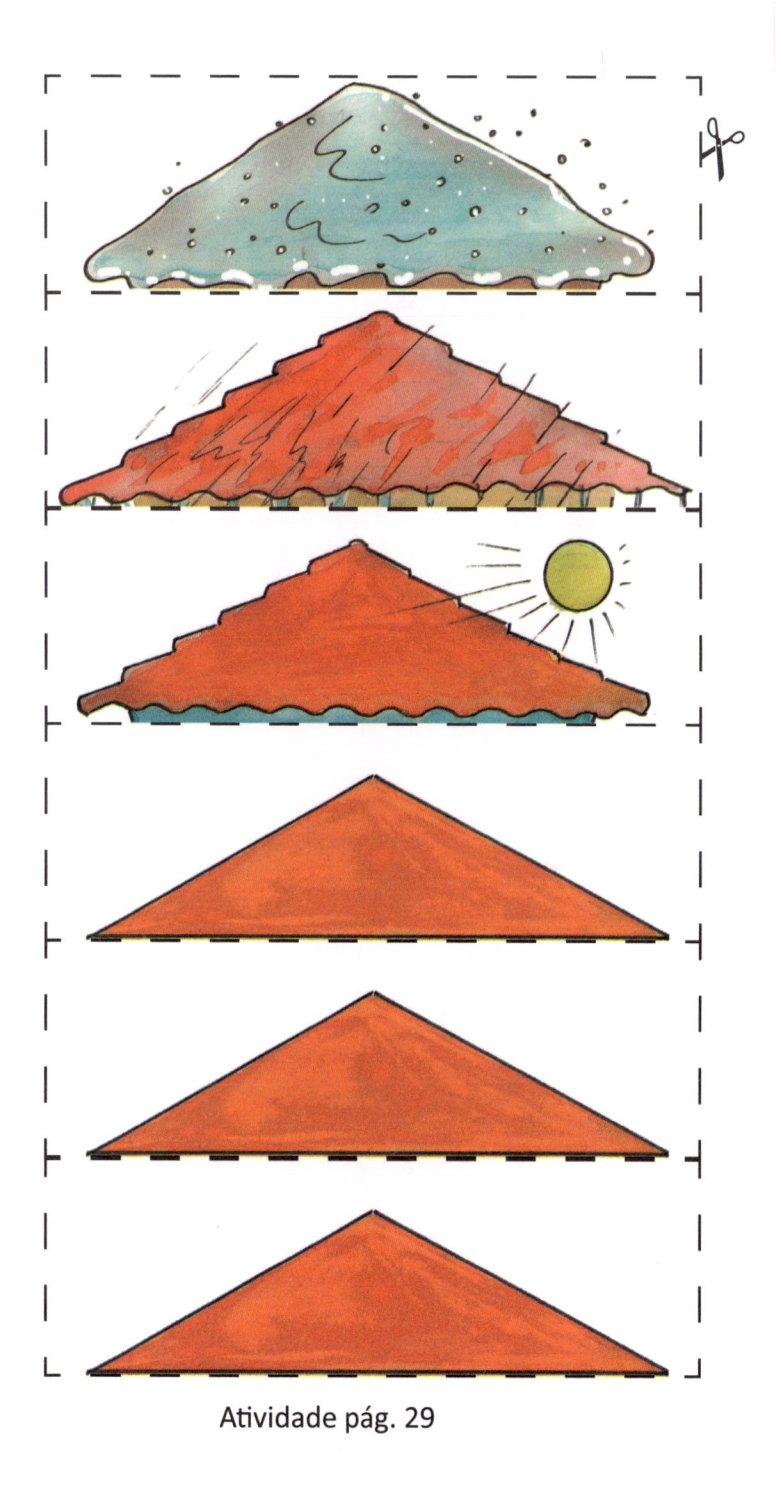

Atividade pág. 29

Atividade pág. 39

P-33

Atividade pág. 33

Atividade pág. 37

Atividade pág. 37

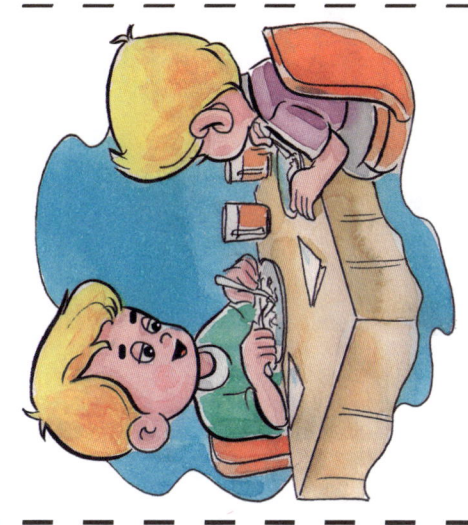

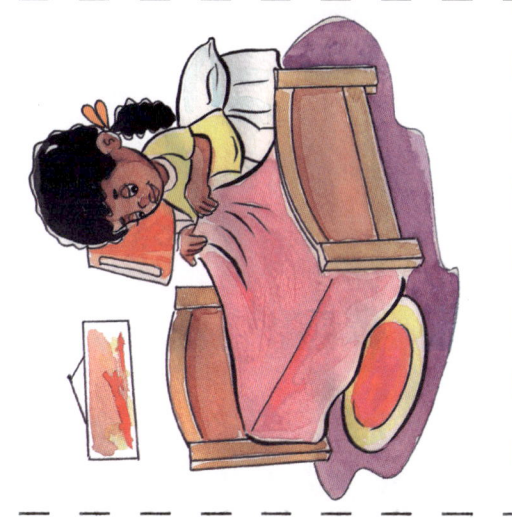

OR AM

Atividade pág. 49

Atividade pág. 51

P-52

P-52

P-52

Atividade pág. 52

Atividade pág. 60

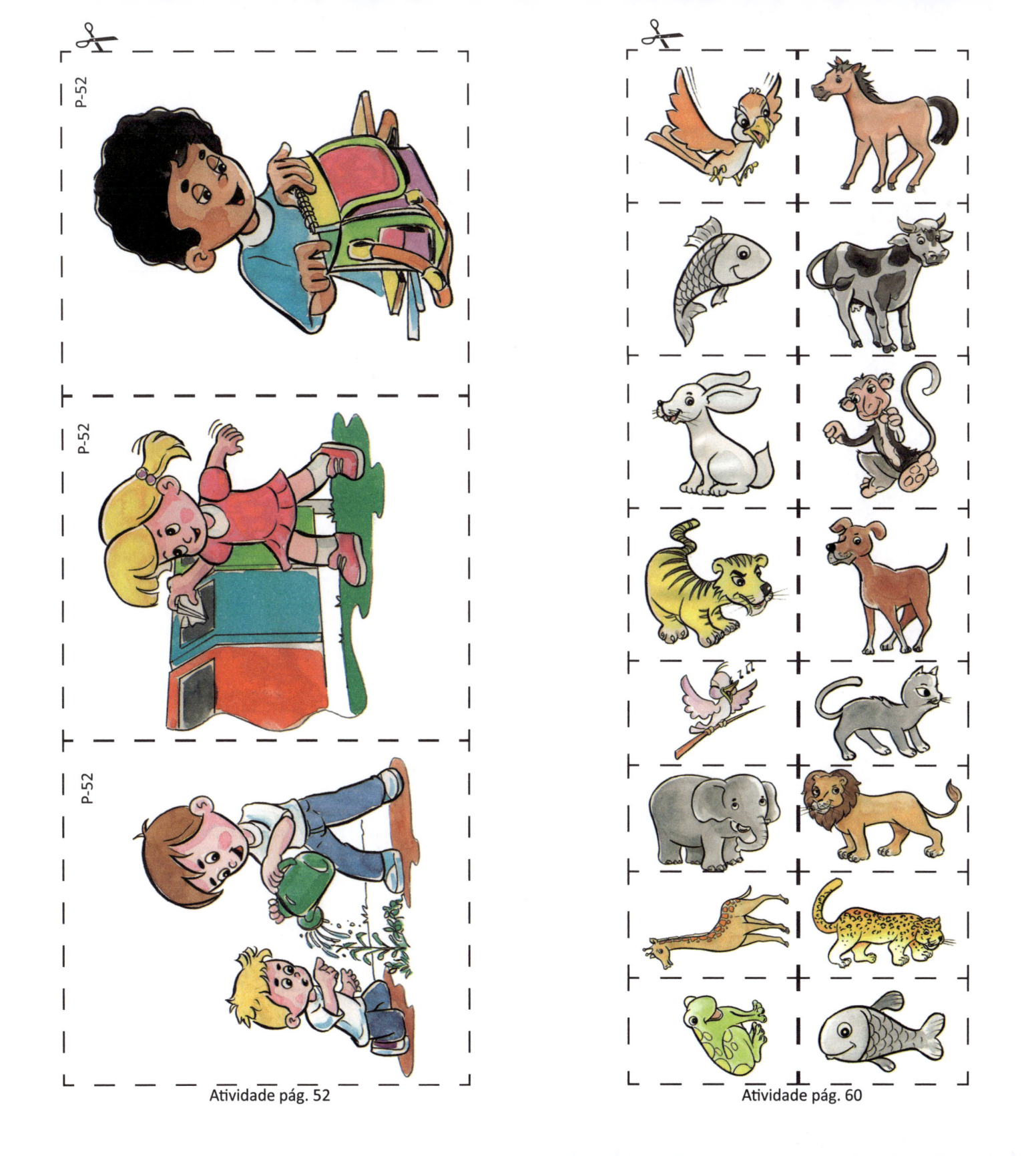

97

P-63

P-63

P-63

P-63

Atividade pág. 63

VIDA
PAZ
FRATERNIDADE
ORAÇÃO
AMOR

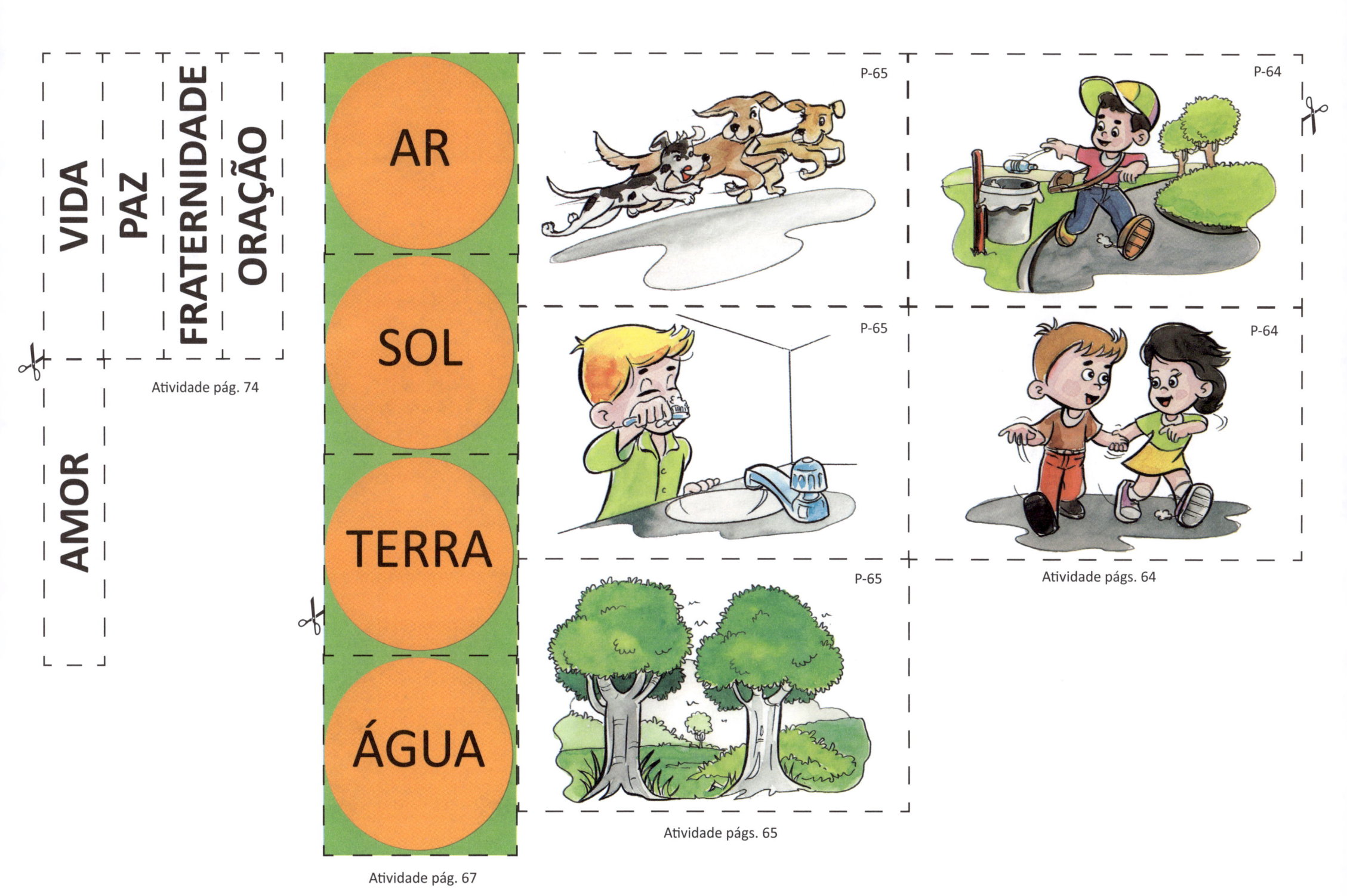

Atividade pág. 74

AR
SOL
TERRA
ÁGUA

Atividade pág. 67

P-65
P-65
P-65

Atividade págs. 65

P-64
P-64

Atividade págs. 64

REFERÊNCIAS

ABC da Bíblia. **A Linguagem Bíblica**. Centro Bíblico de Belo Horizonte. 43 ed. Paulus: Belo Horizonte, 2010.

ARTE DE VIVER. **A Alegria de ser uma pessoa com dignidade**. v.1. Betuel Cano. Paulinas: São Paulo, 2008.

BATCHELOR, Mary; HAYSOM, John. **Bíblia em 365 histórias**. 2.ed. Paulinas: São Paulo, 2011.

BÍBLIA SAGRADA. Tradução da CNBB.

CARMO, Solange Maria do; SILVA. Pe. Orione. **Somos Povo de Deus**. Paulus: São Paulo, 2008.

CNBB. Projeto Nacional de Evangelização. **Iniciação à leitura bíblica**. 1. ed. Brasília, 2009.

CRUZ, Terezinha Motta Lima da. **Ecumenismo**: conteúdo ou catequese? 3.ed. Paulus: São Paulo, 2006.

EQUIPE NACIONAL DA DIMENSÃO BÍBLICO CATEQUÉTICA. **Como nossa Igreja lê a Bíblia**. Catequético. 7. ed. Paulinas: São Paulo, 2010.

FARIA, Dom Paulo Lopes de. **Catecismo da Bíblia**. 27.ed. Paulus: São Paulo, 2008.

GRUEN, Wolfgang. **Pequeno Vocabulário da Bíblia**. 15. ed. Paulus: São Paulo, 2008.

MESTERS, Carlos. **Os Dez Mandamentos, ferramenta da comunidade**. 13. ed. Paulus: São Paulo, 2008.

MACCARI, Natália. **Os símbolos da Páscoa**. 9. ed. Paulinas: São Paulo, 2010.

_____. **Vivendo e convivendo**. 15. ed. Paulinas: São Paulo, 2009.

NASSER, Maria Celina Cabrera. **O uso de símbolos**. Paulinas: São Paulo, 2006

O FENÔMENO RELIGIOSO. **Cadernos Catequéticos Diocesano nº 7**. Diocese de Osasco. 4. Ed. Paulus: São Paulo, 2011.

OLIVEIRA, Ivani; MEIRELES, Mário. **Dinâmica para vivência e partilha**. 3.ed. Paulinas: São Paulo, 2010.

PASSOS, João Décio. **Ensino Religioso**: Construção de uma Proposta. 1. ed. Paulinas: São Paulo, 2010.

SITES
http://www.amop.org.br
http://ensinoreligioso.seed.pr.gov.br
http://bloguinhodoceu.blogspot.com
http://www.cantodapaz.com.br
http://www.cancaonova.com.br
http://www.portalcatolico.org.br
http://www.conic.org.br